UM OUTRO OLHAR

Hugues de Montalembert

UM OUTRO OLHAR

Título original: *Invisible*
Copyright © por Hugues de Montalembert
Copyright da tradução © 2011 por GMT Editores Ltda.
Todos os direitos reservados. Nenhuma parte deste livro pode ser utilizada ou reproduzida sob quaisquer meios existentes sem autorização por escrito dos editores.
Proibida a comercialização em Portugal.

tradução:
Débora Isidoro
preparo de originais:
Felipe Harrison
revisão:
Hermínia Totti e Taís Monteiro
projeto gráfico e diagramação:
Ilustrarte Design e Produção Editorial
capa:
Miriam Lerner
imagem de capa:
John E. Marriott/All Canada Photos/Corbis/Corbis (DC)/Latinstock
impressão e acabamento:
Bartira Gráfica e Editora S/A

CIP-BRASIL. CATALOGAÇÃO-NA-FONTE
SINDICATO NACIONAL DOS EDITORES DE LIVROS, RJ

M763o

Montalembert, Hugues de, 1955-
    Um outro olhar / Hugues de Montalembert [tradução de Débora Isidoro]; Rio de Janeiro: Sextante, 2011.

    Tradução de: Invisible
    ISBN 978-85-7542-708-8

    1. Montalembert, Hugues de, 1955-. 2. Vítimas de crime - Estados Unidos - Biografia. 3. Cegos - Estados Unidos - Biografia. I. Título.

11-5465
                                          CDD: 920.936241
                                          CDU: 929:-055.262

Todos os direitos reservados, no Brasil, por
GMT Editores Ltda.
Rua Voluntários da Pátria, 45 – Gr. 1.404 – Botafogo
22270-000 – Rio de Janeiro – RJ
Tel.: (21) 2538-4100 – Fax: (21) 2286-9244
E-mail: atendimento@esextante.com.br
www.sextante.com.br

Para Lin

VOCÊ MORA numa cidade como Nova York.

Lê os jornais.

Vê televisão.

Mas não imagina que aquele tipo de coisa pode acontecer com você.

Aconteceu comigo uma noite.

Ao voltar para casa, perto da Washington Square, fui atacado por pessoas que, acredito, queriam dinheiro para comprar drogas.

Quando viram que eu não tinha grana em casa, a situação ficou complicada.

O dinheiro não importava mais. O que estava em jogo, percebi, era diversão.

Eram dois homens. Um grandalhão e outro mais miúdo, não tão forte.

Ataquei o grandão com o atiçador da lareira. Sim, eu tinha uma lareira em casa, e aquela peça de ferro era minha arma.

Senti que o homem era perigoso. Ele tinha uma faca.

Não me preocupei com o outro.

Ele carregava uma arma no bolso.

Removedor.

O produto não é um ácido, mas uma base.

Se você joga água sobre a base, não consegue removê-la.

Ela continua agindo.

Enquanto eu lutava com o grandalhão, o miúdo jogou o removedor no meu rosto.

Percebi que algo sério havia acontecido.

Achei que iam me matar, então comecei a gritar.

Gritei tão alto que eles se assustaram e fugiram.

Corri para o chuveiro.

Mas minha visão foi desaparecendo aos poucos.

Telefonei para um amigo, eu não sabia o número da polícia.

Só consegui dizer: "Ligue para a polícia, fui atacado."

Eu mal enxergava os números no aparelho.

As coisas não estavam nada boas.

A polícia chegou em 30 minutos.

Fui levado à emergência do hospital mais próximo.

Tentaram lavar meus olhos, mas, como era uma base, pouco podia ser feito.

Eu estava perdendo a visão.

Perguntei ao médico: "Diga a verdade, é sério?"

Ele disse que sim, era sério demais.

Entendi que provavelmente iria perder a visão.

O DIA nasceu e eu sabia que meu destino estava traçado.

Pela manhã eu estava completamente cego.

Tudo tinha acontecido numa só noite. Muito rápido e dramático.

De repente me vi numa cama diante de uma nova situação.

Uma nova pessoa.

Antes eu era livre e conseguia olhar e ver.

Era pintor e dirigia filmes.

Minha vida dependia da visão.

NÃO ERA uma escuridão completa. Eu conseguia vislumbrar uma luz.

Mesmo com as pálpebras fechadas era possível enxergar.

Eu via uma luz dourada.

Só não estava na escuridão absoluta por um único motivo, que de início me pareceu assustador.

Meu cérebro, ávido por imagens que antes eram captadas pelos olhos, agora as criava por conta própria.

Nítidas.

Cheguei ao ponto de estar conversando com alguém e de repente enxergar uma miragem, produzida pelo cérebro mas real para mim.

Imagens fortes e perturbadoras.

Via, por exemplo, a cabeça de um homem de mármore. A cabeça e duas esferas claras – os olhos – feitas de mármore branco. De repente eu percebia uma luz preta naqueles olhos, como se as duas esferas fossem explodir com os raios daquela luz escura.

Vejo as rachaduras da minha própria retina. Meu cérebro enxerga essas fendas e cria a imagem.

OUTRAS VEZES eu via imagens fortes e sensuais. Uma simples conversa podia ser algo perturbador, pois de repente aquelas imagens apareciam.

Bonitas, porém desconfortantes.

Eu me perguntava: por que sensuais?

Quando o ser humano entra em contato com a morte – e eu estive bem perto dela, pois achei que estivesse liquidado e fiquei três meses preso a uma cama, o que não pode ser considerado vida –, acredito que seu corpo experimenta uma forte reação animal. Se a pessoa não cai em depressão, pode sentir uma energia sexual intensa.

Se ainda tem vontade de viver, o desejo sexual afasta a noção de perigo e o medo da morte.

Você não começa a correr atrás das enfermeiras, mas tenta uma comunicação erótica. Não com todas elas, mas, se há alguma com quem se identifica, pode vir a estabelecer algum tipo de ligação ou tirar proveito disso e acabar tendo uma vida poligâmica. Se possui um forte instinto de sobrevivência, você se torna muito ativo sexualmente, pois essa é uma forma de lutar contra a morte.

É estranho, pois as mulheres são sensíveis e percebem esse tipo de coisa.

Acredito que captam o erotismo.

Depois você adquire confiança. Estabelece uma nova vida e não precisa tanto da conexão erótica.

Mas essa reação é perfeitamente normal. Eu gostaria que qualquer pessoa que enfrenta a cegueira ou outra ruptura física ou moral sentisse o despertar desse instinto de sobrevivência. Tenho certeza de que a moralidade, a Igreja ou quem quer que seja não vão concordar com meu ponto de vista, mas acho que é algo bom e positivo diante das circunstâncias.

Pensando naquela época da minha vida, acredito que fui salvo e poupado do desespero e de uma crise emocional pelas mulheres.

Elas sabem lidar com a vida, sabem como dar a vida, dar à luz. Depois da minha cegueira, eu me vi na situação de quem teve de dar à luz a si mesmo.

Estou entre a morte e o nascimento. Morto para minha vida anterior e ainda não renascido para a nova. É um parto doloroso em que começo a dar à luz a mim mesmo.

os homens ficavam com os pés voltados para dentro, um pouco constrangidos, sem saber como lidar com a situação. Era difícil me relacionar com amigos do sexo masculino. Com as mulheres era mais fácil. Elas ficavam menos embaraçadas.

Estou acabado.

No hospital, tateio à procura da campainha. Nove minutos se passam e então ouço passos arrastados.

– Sim?

– Estou com muita dor, preciso de uma injeção.

– Não podemos aplicá-la a toda hora. Você pode ficar dependente.

Às vezes, as injeções são aplicadas sem maiores problemas. Tudo fica mais tranquilo, eu me sinto bem, os membros relaxados, sem a tensão no pescoço. Eu me sinto o homem mais corajoso do mundo. Sorrio. Gostaria de ter alguém ao meu lado para uma boa conversa. O remédio corre suave em minhas veias e me deixo levar sem remorso nem medo. Descanso do pesadelo do qual não consigo escapar. A música no fone de ouvido domina meu corpo e o transporta para um mundo de sensações sem paisagem.

Se a equipe médica nega uma injeção, não digo nada, por orgulho e porque estou curioso para descobrir até onde posso afundar. Ouço os barulhos do abismo. Espero a qualquer momento pela chegada dos monstros da cegueira. Afundo. A pressão aumenta. Meus pulmões não se enchem mais. A escuridão é absoluta e palpável. Ela me invade o nariz, os ouvidos e a boca. A noite vai desabar. Qual o propósito dessa luta por esperança?

QUANDO EU criava aquelas imagens, meu cérebro se cansava e, como um computador, se apagava, se desligava da vida.

Era como se a parte interna das minhas pálpebras fosse arrancada. Nada era capaz de interromper o exaustivo embate dentro de mim.

Escondido em mim mesmo, numa prisão interna, submetido à tentação do invisível.

Todas as manhãs abandono meus sonhos, único momento em que minha visão é restaurada, e encaro mais uma vez a decepção da realidade.

TODAS AS manhãs eu achava que não iria acontecer.

Mas acontecia e às dez e meia eu era tragado, deixado na escuridão.

Toda manhã, durante três horas, eu podia ter uma conversa normal.

Depois não conseguia me comunicar com ninguém.

Era deixado na escuridão, paralisado.

Se você está na escuridão e não sabe como se mover, está paralisado.

Eu estava preso a uma cama, incapacitado. Não aguentava tamanha escuridão.

Era como cair dentro de um pote de mel escuro.

A cegueira é um monstro. Não a física, que é um acidente mecânico que impede as imagens de chegarem ao cérebro, mas a psíquica, provocada pela privação. A fera tinha de ser domada sem piedade todas as manhãs, assim que eu acordava, para não atrapalhar meu dia. Uma luta para não me tornar uma presa da escuridão, para recriar a luz, a vida. Às vezes eu me sentia congelado, exausto, em perigo.

Todas as manhãs acordo cheio de energia, otimismo e disposição para o dia que está prestes a começar. Todas as noites reconheço o sentimento de derrota. Dia após dia sou derrotado.

QUANDO FINALMENTE compreendi o que estava acontecendo, decidi agir como os animais: esperar, dormir e não cair em desespero.

Se você observar os animais (eu nasci no campo), vai perceber que, quando eles estão feridos, não fazem muito barulho. Preferem ir para um canto, dormir e esperar pela cura.

"Dormir, esperar, não pensar e não entrar em desespero. Isso vai mudar."

Graças a Deus mudou. Teria sido horrível se não mudasse.

Não quero mais me preocupar com meus olhos. Não quero que ninguém fale comigo sobre eles. Deixo que os outros se responsabilizem por tratá-los com bálsamo. Não quero continuar a ser o jardineiro das flores mortas. Os outros veem apenas as pétalas fechadas, mas sei que o pistilo está morto.

Dois dedos batem no meu ombro e ouço a voz do Dr. T.:
    "Preciso conversar com você."
    Fico surpreso com o afeto na pressão de seus dedos, embora sua voz continue fria. A linguagem dos dedos se estabeleceu entre nós ao longo dos últimos dias.
    Ele empurra minha cadeira de rodas até seu consultório.
    Sei que há algo de errado. O animal em mim fareja o problema. A voz monocórdia do médico informa:
    "Seus olhos não estão reagindo bem. Os tecidos estão se degenerando e desconfio que haja uma perfuração. Teremos que fazer a ablação do olho esquerdo."
    Sinto o golpe. Fico enjoado. Sem entender o significado daquelas palavras, sei que algo horrível me aguarda.

PASSEI TRÊS meses no hospital porque tentamos de tudo.

Fui submetido a três cirurgias e nenhuma foi bem-sucedida.

Três meses depois eu me vi na rua, segurando o braço de alguém, apavorado, com medo do mundo, do barulho da cidade, de tudo.

Recebo alta do hospital com seis pontos em cada olho. Cego, limitado e com ódio da vida. Não quero pintar um cenário sombrio. Pretendo explicar da melhor maneira possível o medo e a angústia daqueles que, como eu, foram atingidos pela vida com um punhal no coração.

Já fora do hospital minhas pernas parecem feitas de algodão e me sinto bastante cansado. O barulho da cidade me engole. Os carros parecem vir em minha direção. Não consigo me localizar, embora conheça de cor os detalhes da região: a Greenwich Avenue, a Christopher Street, a Rua 11.
Nunca mais conseguirei ser um sujeito normal.

A INDEPENDÊNCIA é fundamental para que você consiga ter domínio sobre a própria vida. Ser dependente, não ser o capitão do próprio navio, é a mais perfeita tradução da minha deficiência. Minha independência está presa numa gaiola.

"Vou voltar a viver? Vou ser novamente o capitão?"
    Se você consegue voltar à vida, continuar a ser o capitão, então ela é fantástica, uma aventura. Você dança com a vida, com o Universo.
    "Voltar a viver!" No início, você acha impossível.
    A primeira vez que sai à rua, não vê nada, ouve o caos, tudo é desestruturado. Você não pode se mover no caos. Precisa recriar o mundo e organizar o caos. Meu conselho: esqueça a Bíblia – são necessários mais do que sete dias para criar um mundo.

Acho que você se torna parecido com um computador, que recebe, sem ter consciência, milhares de fragmentos de informação.
    No fim, o cérebro constrói uma imagem.

No início ela não é muito precisa. É nebulosa. Depois se torna clara.

Talvez por isso minha adaptação à cegueira não tenha sido tão difícil. Meu cérebro era bem treinado visualmente. De maneira automática produzia imagens o tempo todo.

Imagens como um filme.

Eu criava filmes na minha cabeça.

Quando fiquei cego, não parei de enxergar. Tive apenas de fazer o trabalho sozinho, por isso fiquei cansado... muito cansado. Mas, pouco a pouco, tudo foi se tornando menos exaustivo.

quando estava no hospital, perguntei a mim mesmo: quantas pessoas cegas você conheceu em seus 35 anos de vida?

Conheci uma, um sujeito formidável, o único habitante de uma ilha na costa de Sumbawa, na Indonésia, onde eu havia passado um mês. Um homem extraordinário que tinha ficado cego aos 60 anos.

Conheci outro deficiente visual em Benin, uma espécie de sacerdote vodu que conseguia falar com as aves, e eu o filmei durante essa comunicação.

Mas não foram encontros sociais.

Nunca tive amigos cegos.

Por isso, pensei: "Onde estão as pessoas cegas?"

Há algum poço onde, com a ajuda da sociedade, elas são jogadas?

Não quero ir para lá.

depois do ataque, ao ser hospitalizado, eu disse aos médicos: "Não contem nada para minha família, minha namorada ou meus amigos."

Eu precisava lidar com aquilo tudo sozinho. Caso contrário, teria de consolar a família, a namorada e os amigos.

Queria alguns dias, semanas, para enfrentar a situação por conta própria.

Mas minha família foi informada.

Contra minha vontade, as pessoas começaram a ligar.

Minha mãe disse que viria a Nova York e eu pedi: "Por favor, não venha."

Seria problemático, porque eu teria de lidar com minha mãe aos prantos e seria obrigado a consolá-la.

Quem gosta de ser motivo de sofrimento para um ente querido? Não queria fazer papel de Cristo, por isso não tinha motivo para cravar um punhal no peito de minha mãe, como a imagem da Virgem nas igrejas.

Eu disse: "Estou bem, não se preocupe."

Não queria ser superprotegido pela sociedade, pela família e ir parar no fundo daquele poço maravilhoso de que falei há pouco.

A CEGUEIRA real é o medo.

Se você não toma uma atitude que o mantenha vivo, acordado e consciente, aproveitando sua existência com a mente livre, o medo é o grande culpado.

O medo da vida é o principal inimigo da pessoa cega.

Para não cair no poço, eu me obriguei a me comportar com naturalidade, não às cegas.

Tenho medo de sentir medo.
   Preciso entender quem eu sou para os outros.

VOCÊ PRECISA andar e se apresentar como um ser humano normal, não como uma pessoa cega.

Muitas vezes, os cegos de nascença (mas também os que perderam a visão por causa de um acidente ou doença) não olham para a pessoa com quem estão falando. Olham com os ouvidos, porque não podem enxergar e ler os lábios como todo mundo.

Se posiciono a cabeça de certa maneira, posso ver seus lábios com meus ouvidos. Você vai perceber muitos cegos andando ou falando com o rosto voltado para cima ou para baixo.

Em vez de lançar mão desse recurso, há uma maneira natural de se comportar, que é olhar diretamente para a outra pessoa. Pode parecer bobagem, mas é importante porque, ao corrigir essa atitude, você terá um relacionamento normal com a pessoa com quem está tentando se comunicar.

Curiosamente, esse comportamento não é ensinado nos institutos de cegos.

FIQUEI SURPRESO com o número de pessoas que iam ao meu quarto no hospital. Pessoas que eu não conhecia, funcionários, enfermeiras, médicos, pacientes. Elas se sentavam ao meu lado e contavam os detalhes mais íntimos de suas vidas.

Fiquei um pouco incomodado.

Comentei com um médico, que riu e perguntou: "Por que você acha que Freud ficava sentado *atrás* do divã?"

Para algumas pessoas, o fato de não poderem ser vistas é libertador.

Nas igrejas católicas existem aquelas cabines fechadas nas quais você entra e se confessa. São lugares escuros em que você não vê o padre e espera que ele não possa vê-lo também. Dessa maneira, você se sente livre para confessar seus pecados.

Por causa da minha insônia, descubro uns programas de rádio bem diferentes na madrugada. Em um deles, um locutor conversa com os ouvintes, na maioria moradores de Nova York, Nova Jersey e Connecticut. Qualquer pessoa pode participar. Elas não precisam se identificar. Certa noite,
o tema era relacionamento. Em resposta à pergunta "Qual parte do seu corpo você considera mais importante?", homens e mulheres responderam "Os olhos". Olhares que se cruzam. A solidão é quebrada por meio dos olhos.

se você ama alguém e não pode olhar nos seus olhos, falta alguma coisa.

Todo o restante – a beleza, as curvas do corpo – você consegue sentir. Mas a expressão dos olhos é algo que nunca vai poder tocar.

Isso é insuportável para algumas pessoas. Para o amor, não ver ou não ser visto pode ser inadmissível.

Quantas vezes você está andando na rua ou no metrô, faz contato visual com alguém e alguma coisa acontece?

Isso pode mudar sua vida.

Conheci uma mulher na Dinamarca.

Ela viajava de trem entre Elsinore e Copenhague.

Um homem estava sentado à sua frente, olhando para ela, e uns 10 minutos depois ele disse: "Eu te amo, você é a mulher da minha vida."

Os dois estão casados há 15 anos e são muito felizes.

AO PERDER a visão, perdi também muitos amigos.

Minha namorada não queria mais me ver.

É simples: algumas pessoas não conseguem lidar com a situação.

Mas não dei importância naquele momento.

Estava muito envolvido na minha luta para me preocupar com outras questões. Também não fiquei deprimido por causa disso. Eu tinha coisas a fazer.

Tinha um grande amigo que não conseguia ir ao hospital. Ele dizia: "Vou visitá-lo depois que você for para casa."

As pessoas não gostam de tragédia.

Um médico vem sempre me ver. Ele é oncologista. Recusa-se a sentar e não diz nada. Eu me sinto observado, o que me causa certo desconforto. Hoje ele quebrou o silêncio:

– Eu odiaria que minha vida fosse uma tragédia. Afinal, só tenho uma.

– Eu também – concordou a enfermeira.

Fiquei em silêncio, eles estavam certos. Mas esta é a minha vida e, mesmo cego, eu a amo.

APRENDI MUITO rápido a nunca me apresentar como uma figura trágica. Caso contrário, eu acabaria isolado.

os médicos me disseram que eu teria uma crise emocional.

Isso nunca aconteceu.

Quis saber sobre os centros de assistência a cegos.

Eles me disseram que ainda não era a hora.

No entanto, eu sentia que era. Se esperasse mais tempo, acabaria deprimido e isolado.

Meu corpo não tem firmeza, minhas articulações doem.
"Coloque um ponto final nisso. Ligue para o instituto de cegos."
"Instituto Lighthouse, boa tarde. Como posso ajudá-lo?"
Eu explico, eu pergunto. Eles me transferem de um departamento para outro.
"Em alguns dias mandaremos alguém para avaliá-lo."

QUANDO TIVE de enfrentar minha primeira noite sozinho, fiquei um bom tempo com os pés colados ao tapete, sem me mover, a testa apoiada à parede, escutando o pânico que crescia dentro de mim. Pânico contra o qual minha força de vontade podia levantar apenas uma frágil barreira. Sentia que o menor movimento do corpo romperia o dique e que aquela coisa que eu não conseguia definir surgiria como 30 mil bárbaros a cavalo, deixando-me completamente arrasado. Eu escutava os sons do meu corpo, o jeito como eu engolia, a circulação da vida. Depois, pouco a pouco, os sons da cidade começaram a entrar pela janela, as sirenes de um hospital próximo, toda a violência de Nova York que costumava me encantar, como se eu tivesse obtido permissão para visitar o inferno.

Que significado deveria encontrar no que havia acontecido comigo? A pergunta me perseguia. Se não há sentido, a situação é terrível, porque não há castigo pior. Tamanha agonia, 24 horas por dia de luta para superar o medo. Minha coragem me espanta, mas ela não é minha. É a coragem dos seres vivos, do ser humano.

...

Há uma força dentro de mim que não me pertence, que é de todo mundo. Da mesma forma que minha fraqueza, minhas neuroses e meu cansaço não me pertencem, assim como meu desespero, que nunca se afasta de mim. Às vezes não sei se finjo ser o que sou ou se isso é realmente o que sou.

Três dias depois a Sra. Finklestein, instrutora de mobilidade e orientação, toca a campainha do meu apartamento. Ela traz uma bengala dobrável e descemos até a rua.

— Tente caminhar sozinho.

O barulho das duas pistas da Rua 86 faz minha cabeça girar e, para fugir do perigo, caminho instintivamente na direção dos edifícios. "Meu Deus, como alguém pode andar sozinho sem enxergar?" Fico com medo.

— Segure meu braço.

Andamos. Ouço a fileira de prédios terminar. Minha cabeça é atingida pelo sol com tanta intensidade que flutuo na sua luz. Deixamos a sombra da 86. Perco completamente o senso de direção. Enxergo através das pálpebras costuradas. Pode não ser grande coisa, mas, ao ver a sombra da minha mão contra o sol, sinto prazer misturado ao absurdo da situação. É como se entre mim e o mundo não houvesse nada além de uma fina folha de papel, que poderia ser rasgada com facilidade.

Escuto os ruídos do enorme cânion da Madison Avenue.

— Onde estamos? — pergunta a Sra. Finklestein, querendo me testar.

– *Na esquina da Madison com a 86?*
– *Não, estamos na Park com a 86.*
Não consigo entender, então refaço mentalmente o caminho. Eu achava que meu prédio ficava do lado esquerdo da rua, mas estava enganado. Vou precisar de algumas semanas para apagar essa informação da minha cabeça. Na verdade, acho que não vou conseguir. Foi assim que tomei consciência de algo que sempre acontece. Quando se trata da orientação espacial, todas as indicações ficam gravadas de modo permanente na memória. Não deixa de ser uma vantagem, já que guardo um trajeto, a localização de uma casa ou prédio, logo na primeira vez. Posso até demorar a voltar, mas dificilmente esqueço o caminho. Por outro lado, se cometo um erro por distração, repito-o sempre.
– *Que pistas lhe indicam que você estava errado?*
É como um jogo. Meu cérebro é estimulado.
– *Percebo que esta avenida é mais larga que a Madison e que há trânsito nos dois sentidos. Já a Madison é mão única.*
– *Pode me dizer a cor do semáforo?*
Esta é fácil. Ouço com atenção. O fluxo de automóveis, que era constante na minha frente, de repente para. Os carros à minha esquerda começam a se mover pela Rua 86.
– *Vermelho para a Park e verde para a 86.*
Esperamos o semáforo mudar de cor algumas vezes e percebo as mudanças sem grande dificuldade.

— *Assim você vai saber o momento exato de atravessar a rua. Vamos dar a volta no quarteirão.*

— *Onde estamos?*

— *Esquina da 85 com a Madison. Oriente-se pelo som do trânsito: é a dica para andar em linha reta.*

Não entendo como aquele barulho caótico vai me ajudar a andar em linha reta. Longe de ser uma coisa harmônica, o som me atinge como um grande borrão de tinta. Além do mais, tudo o que quero é ir para casa, para o silêncio do meu apartamento, para longe da voz professoral da Sra. Finklestein.

— *Você tem de aprender rápido* — diz ela.

ENTÃO EU me obriguei a ir ao instituto dos cegos.

O lugar ficava em Manhattan e se chamava Lighthouse. Durante um ano e meio, trabalhei duro para reconquistar o mínimo de independência.

Era meu objetivo: ser independente.

Aprendi a cozinhar, a pregar botões. Tudo para ser independente.

Mas, sobretudo, para andar sozinho.

É como uma educação sem amor. Durante o processo, o amor é desencorajado. Ele serve apenas para impedir a reabilitação. É um trabalho duro.

É uma nova vida, uma espécie de reencarnação.

Como uma criança pequena, você precisa aprender tudo de novo, mas sem a ajuda da mãe. Tem de aprender a andar e ser independente.

COMEÇARAM A me ensinar a andar. Conheci corredores e salas do instituto. Aprendi a pegar o elevador.

Você aprende depressa.

Depois o testam para saber qual é sua habilidade.

Eu me lembro de um corredor. Era longo e largo, e me pediram que eu andasse de um extremo ao outro.

Parei no meio do caminho e me perguntaram por quê.

– Porque tem um obstáculo à minha frente.

– Sim, mas o que é?

– Não sei. Em geral não há nada aqui.

Senti que talvez pudesse contorná-lo pela esquerda ou pela direita.

Sorri e comentei que poderia passar por baixo dele.

Disseram-me que era um quadro-negro sobre um cavalete e que estava ali como um teste, para verem se eu conseguia percebê-lo.

Eu tinha o que chamavam de boa "visão facial", semelhante ao radar de um morcego. Você recebe as ondas das paredes e dos obstáculos ao seu redor e, se for dotado dessa habilidade, consegue perceber os perigos sem grandes problemas.

Fiquei feliz. Senti que usava a habilidade instintivamente. Ela se desenvolve com o tempo, mas no início você a tem ou não.

Aprendi a andar com uma garota que trabalhava no Lighthouse. Ela me ensinou, porém o processo foi lento.

O processo de reabilitação, que começou há dois meses, é demorado. Apesar da excelente "visão facial" que me ajuda a perceber os obstáculos, ainda treino no corredor do quinto andar do Lighthouse. Lesley, a instrutora que me acompanha, demonstra como descrever os arcos com a bengala. Coloco o pé direito à frente, a bengala toca o chão do lado esquerdo, avanço o pé esquerdo, a bengala desenha o arco e pousa à direita. Se sigo em linha reta ou não é algo que depende de quanto o arco é uniforme.

É OUTRA realidade, outra dimensão.

Você começa a escutar as paredes dos edifícios, escutar se há algum carro passando pela rua. São os paralelos, e você precisa se mover entre eles.

É um mundo abstrato composto basicamente por sons. Seus pés precisam se comportar como se fossem mãos. Passei a usar sapatos de sola fina, alpargatas. Fazia tudo o que era necessário para voltar à vida, porque entendia que era um trabalho difícil.

Eu batalhava todos os dias para recuperar minha liberdade, mas tudo o que percebia era a ausência da vida.

Todas as manhãs o sol se erguia no horizonte e o rádio anunciava: "Dia com boa visibilidade." Meu pé entrava em ação.

Algumas pessoas encontram significado no que aconteceu comigo.

— É uma bênção de Deus — diz para mim um mestre de meditação transcendental.

— Não insulte Deus! — protesto.

Aperto minha bengala com vontade de quebrá-la na cabeça dele.

Numa palestra no Lighthouse, alguém que perdeu a visão num acidente afirma:

— Desde que fiquei cego, tornei-me uma pessoa muito melhor.

— Então corte as pernas! Você vai ficar melhor ainda! — grito da minha cadeira.

Um hindu cego que chegou recentemente de Bombaim é o único a achar graça. Os outros pensam que estou com problemas. Vou embora da palestra rindo ao lado de Jet, o hindu.

Certa manhã, ao tomar banho, derrubo o sabonete e me abaixo para pegá-lo. Bato com o olho esquerdo (o mais problemático) na torneira da parede. Dois pontos se abrem.

Não é nada muito grave, mas uma nova cirurgia é necessária.

No quarto de hospital conheço um homem que levou um soco no rosto de um estranho que passava pela rua e teve o nariz e o osso acima dos olhos quebrados.

– *Moro em Nova Jersey* – *diz ele* –, *mas todo ano minha mulher e eu comemoramos nosso aniversário de casamento numa boate na Sexta Avenida. Não é nada de mais, apenas um lugar com uma boa música. Mas você não vai acreditar! Saímos por volta da meia-noite e o sujeito acertou meu rosto bem na porta da boate, na frente de todo mundo! Ele não parava e ninguém vinha me ajudar.*

– *Que azar* – *comento, sem saber o que dizer.*

– *Nada disso, muito pelo contrário! As três semanas que passei aqui foram as melhores da minha vida. As enfermeiras têm cuidado bem de mim. Elas me mimam o tempo todo. Passei 38 anos trabalhando num banco. Não era diretor nem gerente, apenas um simples caixa. Está na hora de me aposentar. Os filhos cresceram e me sinto entediado em casa. Maldita casa, maldito cachorro e maldita mulher!*

À tarde a esposa do homem aparece para buscá-lo. É seu último dia no hospital.

...

– *Oi, querido! Você deve estar louco para ir para casa! Se pudesse ver o cachorro! Parece um maluco, pulando pela casa, subindo nos móveis. Ele sabe que você volta hoje...*
     – *Entende o que quero dizer?* – *o cara me diz num sussurro.*

As pessoas sempre acham que o destino é tudo.

Estão redondamente enganadas.

Basta contemplar o invisível para saber quantas coisas existem e são mais importantes que o destino.

Sim, feche os olhos, você vai ver o que a luz torna invisível.

Vai ver a pequena sombra na sombra.

A assinatura do além.

Escute a fonte. Não percebe a pequena gota d'água brilhando no escuro?

Esse é o significado.

ENTRE OS que não enxergam há o desejo de acreditar que a cegueira os coloca num plano espiritual mais elevado. Eu me recuso a participar dessa farsa. Ao conversar com padres, percebo na voz deles uma complacência. Como se meu sofrimento se comparasse ao de Jesus crucificado. Não consigo acreditar nisso. Não quero tornar-me alheio à minha realidade. Perder a visão é um acidente, não um estado de graça ou um acontecimento com consequências espirituais.

No fundo, acredito que tudo tem um significado. É uma ideia que toma corpo aos poucos e que tanto me acalma quanto me atormenta. E depois me faz rir. Seu significado está além da nossa capacidade de compreensão.

Mas eu guardo silêncio, não quero ser rejeitado pela minha tribo. As pessoas não gostam de ficar sozinhas. Elas se sentem mais fortes em grupo. E tenho medo, como todo mundo, das noites fora de casa, sem o abrigo de um teto e de braços amigos.

POR UM motivo pessoal, um dia depois de completar sete meses de treinamento, eu quero encontrar alguém no meio da noite. Digo a mim mesmo: "Tenho certeza de que consigo andar sozinho."

Espero até as três da manhã, quando a cidade fica quieta e é possível aproveitar todos os sons.

A noite está quente. Ela toca meu rosto e minhas mãos. Fico quieto por um instante, segurando a bengala de fibra de vidro na frente do corpo, uma espada à espera do duelo com a escuridão. Parado, crio um vazio dentro de mim: me transformo num animal noturno e me confundo com a noite. Os ruídos de uma garagem vazia me atraem. Resisto e sigo em linha reta. Há uma agência de banco envidraçada na esquina. Estou na 63 com a Madison.

Atravesso a avenida, caminho para a esquerda – direção que conheço melhor – e começo a andar tranquilamente. Quando a bengala toca a tampa de um bueiro, desvio instintivamente para não pisar nele. Não gosto de passar sobre vãos. Em algum ponto, paro sem saber o motivo. Meu cérebro dá sinal de perigo. Estendo a mão para a frente devagar e, a poucos centímetros do meu rosto, percebo um poste que minha bengala não detectou. É verdade, tenho boa "visão facial". Alguns quarteirões adiante, ouço vozes, risos e um rádio que toca salsa. Eles vêm na minha direção e parecem bêbados. Não dá mais tempo de atravessar a rua e o pior que eu poderia fazer seria demonstrar medo. Obrigo-me a caminhar num ritmo constante, balançando a bengala de um lado para outro em arcos simétricos. Fico tenso. A poucos metros do grupo, percebo que as vozes se calam, embora a música continue. Eles me viram. Ficam em silêncio enquanto passo por eles, mas logo ouço a voz:

– Fala, meu irmão!

– Opa! Tudo tranquilo? – respondo.

Ouço outra voz:

– Com certeza!

A tensão é tamanha que perco a noção de onde estou. Não sei se na 72, 73 ou 74. A única coisa a fazer é atravessar a Madison novamente e, quando sinto o tapete do Hotel Carlyle sob os pés, sei que estou entre a 76 e a 77. Caminho cada vez mais rápido, com uma sensação de liberdade recém-adquirida. Estou encharcado de suor e meu punho aperta a bengala na tentativa de grudá-la à palma da mão. Obrigo meus dedos a relaxarem e percebo quanto estão doendo.

Quando chego à Rua 92, procuro uma cabine telefônica, porém só vou encontrá-la no quarteirão seguinte. Uma voz sonolenta diz que ela está melhor, que está dormindo e que amanhã vai me levar alguns croissants.

Por mim tudo bem, a noite havia sido animada demais para me sentir desapontado. Antes tinha pensado que o importante era ir consolar a mulher. Mas estava esquecendo o que o velho marinheiro Abdul Jemal me dissera no mar das Flores: "Não importa o porto. O que vale é a viagem."

Eu conhecia o lugar, a Madison Avenue, como a palma da minha mão. Mas é completamente diferente andar com os olhos fechados, mesmo que você conheça os mínimos detalhes.

Mas correu tudo bem.

Entendi que conseguiria me movimentar com independência.

Quando contei minha história no Lighthouse, eles não gostaram muito. Acharam que era cedo, perigoso, mas eu sabia que estava quase lá.

A alegria de minha jornada noturna era arrebatadora. Empolgado, eu ria e chorava por dentro.

sim, eu tinha visto o mundo. Mais do que isso, havia olhado para ele com uma curiosidade insaciável. Era um viajante sem pressa. Passava semanas, às vezes mais de um ano, sem me dar o trabalho de me mudar. As razões para ficar num mesmo lugar eram distintas. Em Benin, era minha amizade com o velho monarca de Abomey. Sua Majestade, o rei Sagbajou, tinha 103 anos. Na África, é idade suficiente para fazer parte da mitologia local. No Vietnã, o motivo foi a guerra e seu espetáculo sinistro. Algumas vezes eu filmava um documentário para a televisão. Outras, preferia ficar quieto, escrevendo. Tudo era motivo para observar aqueles outros seres, tão estranhos e familiares. A andança pelo mundo durou mais de uma década, até eu ser assaltado e perder a visão.

A pergunta não saía da minha cabeça: "E agora? Meu território vai se resumir a um apartamento pequeno e um quarteirão?"

Viajar... a simples ideia me apavorava. Viajar como sempre fiz, sozinho e independente.

Mas me tornei um exímio viajante de Manhattan. Fiz algumas besteiras, como no dia em que, ao subir num ônibus, joguei a guimba de cigarro na bolsa de uma mulher que descia. Ela continuou pela Madison Avenue, a fumaça saindo de sua bolsa.

Por coincidência, encontro Bandigo novamente. Bandigo é um cavalo que montei há alguns anos na floresta de Shelter Island. Depois de ser vendido, ele acabou indo para uma região ao norte de Nova York. Eu me lembro bem de que ele era um animal impulsivo. Decido montá-lo de novo. Peço que me deixem sozinho na baia e falo com ele em voz baixa. Dou um leve sopro em suas narinas para ver se o cavalo me reconhece. Olho o animal nos olhos, esperando que ele perceba a ausência da minha visão.

Do lado de fora do estábulo, monto no cavalo e a sensação é a de que tudo aconteceu ontem. Assim que ele se move e começa a dançar no ar frio, sinto uma vertigem. Perco o contato com o chão, flutuo no espaço.

O animal resgata um velho desejo de liberdade, de galopar, de espaços abertos, de tudo o que agora me é negado.

As paredes da minha prisão não se desfazem.

CERCA DE um ano e meio depois da reabilitação, embarquei sozinho num avião, rumo à Indonésia.

Sentia muito medo: medo de deixar minha casa em Nova York. Ainda assim, cancelei o contrato de aluguel do apartamento e fiz as malas com as poucas coisas que tinha.

O maior medo era atravessar a porta de casa. Virar a maçaneta e seguir rumo ao desconhecido.

Não havia contado a ninguém. Diriam que eu estava maluco, que deveria esperar um pouco ou ao menos ir acompanhado.

Preferi não dizer nada e viajar.

Foi uma decisão difícil. Mas ela me salvou, porque reencontrei a vida.

Você aprende aos poucos. Chega ao aeroporto, conhece alguém e conversa com ele, descobre que existe uma dinâmica em viajar sem enxergar, que se equilibra e faz tudo correr sem problemas. É possível que não consiga avançar em algum momento. Mas você espera e alguma coisa acontece: uma pessoa passa ao seu lado, uma oportunidade aparece.

∴

Viajar sozinho é muito importante para mim. É a combinação de um esporte exótico com ioga. Você precisa estar atento, concentrado. A primeira regra: esqueça os horários. É algo que deve deixar para trás você não pode ser muito obstinado. Caso não chegue na hora ou no lugar desejados, não dê tanta importância.

O importante é não ser submisso nem negativo. É não se deixar abater pelas circunstâncias, é encontrar a saída sempre dentro de você.

FIZ UMA conexão em Cingapura e o oficial da Imigração me perguntou se eu estava viajando sozinho.

– Sim – respondi.

– Você não pode viajar sozinho. Não aceitamos cegos que viajam sozinhos.

Eu poderia ter uma reação intempestiva, ficar furioso e desperdiçar tempo e energia.

Ouvi alguém atrás de mim, esperando para apresentar o passaporte. Eu me virei e perguntei:

– Para onde você está indo?

– Para Jacarta – respondeu uma voz masculina.

– Você está comigo, não está?

– Estou – confirmou ele.

Virei para o oficial e comentei:

– Viu? Estou acompanhado.

Em vez de ficar furioso, encontrei a saída e sorri.

Sou uma pessoa muito impaciente, então foi uma boa experiência agir com diplomacia. O resultado foi bem satisfatório.

NO AEROPORTO de Jacarta, um homem se sentou ao meu lado e perguntou se eu tinha fogo. Uma pessoa que pede a um cego que acenda seu cigarro só pode estar querendo alguma coisa.

— De onde você é? — perguntei.

— Sou australiano, mas nasci na Polônia.

— Australiano da Polônia. Então você é judeu?

— Sou.

De uma hora para outra eu escutava uma história assombrosa. A história desse homem.

Aos 14 anos, ele foi levado para o campo de concentração de Birkenau. Todas as manhãs era obrigado a segurar um espelho enquanto um oficial da SS fazia a barba. Os únicos pertences do menino eram quatro cigarros americanos. Depois de três dias ele tomou coragem. Quando o oficial terminou de fazer a barba, o menino lhe entregou um cigarro. O ano era 1944, a Alemanha passava por grandes dificuldades e o tabaco americano era coisa rara. Em silêncio, o oficial olhou o cigarro e acabou aceitando-o. Conversou rapidamente com um subordinado, que saiu e logo voltou com um sanduíche. No dia seguinte a troca se repetiu, o cigarro pelo sanduíche. O ritual continuou até o quarto e último cigarro. Porém, o pão não parou de ser oferecido e foi assim que o menino sobreviveu até a libertação do campo, escapando da fome e das doenças que dizimaram milhares de prisioneiros.

O homem subitamente interrompeu o relato:

– Me desculpe, mas estão chamando meu voo.

Não demorou muito e eu embarquei para Denpasar. Na poltrona ao lado estava ninguém menos que o sobrevivente. Durante toda a viagem não trocamos sequer uma palavra. Ele havia desabafado, esvaziado a alma para alguém que não podia vê-lo. Por respeito, fingi não notá-lo ao meu lado.

Às vezes você conhece pessoas porque seus olhos simplesmente não podem enxergá-las.

FUI PARA Bali. Havia morado lá durante alguns anos e adorava o lugar. Na época o turismo não estava tão massificado e eletricidade era coisa rara, sem falar nos carros, que quase não eram vistos. Era um conto de fadas povoado por gente bonita e muita música, teatro e dança. Curiosamente, queria voltar a um país com fortes características visuais. Acho que meu cérebro, sem que eu percebesse, pedia imagens na esperança de enxergá-las. Quanto mais rico o ambiente visual à sua volta, mais informações seu cérebro talvez consiga absorver.

Além de tudo, eu estava sem dinheiro. Decidi então escrever um livro.

Eu tinha amigos na Indonésia – sabia como aquele povo era gentil e educado, além de dominar o idioma. Fiquei por um ano.

Escrevi o livro e acreditei que a vida estava perfeita.

Não havia eletricidade na casa para a máquina de escrever. Compus o manuscrito em cadernos enormes, auxiliado por um pedaço de cartolina que eu usava como régua, deslizando-o linha por linha. Não era fácil escrever, mas deu certo.

Devo ter escrito oitocentas páginas à mão.

Às vezes a tinta acabava e eu continuava escrevendo, sem saber que não havia mais carga.

Na manhã seguinte, perguntava à moça que trabalhava em minha casa onde eu havia parado no dia anterior. Certa vez, a garota que cozinhava respondeu:

– *Tida ada tulis.* – Não tem nada escrito.

– Como não tem nada escrito? – reclamei.

Nada, *tida ada*, não tem nada.

Então voltamos tudo: *Tida ada*. As últimas 12 páginas estavam em branco.

Uma vez que você perde o que escreveu – acabei descobrindo –, não consegue mais reproduzi-lo. Já era.

NASCI ENTRE a Normandia e a Bretanha, numa zona rural conhecida como Maine. A propriedade da minha família era isolada, sem um único vilarejo por perto.

Tive uma infância de muita liberdade, com uma área enorme para brincar, andar a cavalo e conviver com os animais. Uma boa preparação para lidar com o ambiente à minha volta.

Se você nasce numa cidade, seu corpo é treinado de outra maneira.

Ainda menino – eu lembro que era bem novo –, comecei a pintar. Pintar de verdade, não desenhar como as crianças fazem. Eu me interessava por Van Gogh, Cézanne, Modigliani, Gauguin, o que era estranho, porque vivíamos isolados, sem informações sobre o mundo da arte. No entanto, quando uma criança se interessa por um assunto, ela consegue as coisas, como eu consegui. Porém acabei não estudando arte, pois sou de uma família conservadora na qual não havia lugar para um artista.

Você crescia e virava bancário, diplomata, policial ou coisa parecida.

Mas assim que me tornei independente, corri atrás do meu sonho, retomei a pintura e comecei a dirigir documentários.

eu não estava olhando, estava espiando.

Tentava entender o mundo através dos olhos. Nasci como uma pessoa intensamente visual.

É estranho perceber essa característica em alguém.

Você já viu uma foto de Picasso? Os olhos dele pareciam os de uma águia.

Há uma imagem famosa que eu sempre levava em minhas viagens. No entanto, eu a perdi. Era um retrato do artista, tirado talvez por Henri Cartier-Bresson.

O olhar de Picasso é incrível, como um pirata que quer capturar tudo com os olhos.

Uma ave de rapina visual.

Um dia, ouvi uma conversa entre minha namorada e outra pessoa.

Ela dizia:

– É uma pena não ter conhecido o Hugues quando ele ainda enxergava.

A outra pessoa respondeu:

– Não fique se lamentando. Ele tinha os olhos de um assassino.

Achei a conversa interessante, porque havia um fundo de verdade.

Eu olhava para as coisas com tamanha intensidade que chegava a ser perturbador.

Eu me lembro de estar num café em Nova York e um homem parar ao meu lado, olhar para mim e perguntar:

– Você é pintor?

– Por quê?

– Pelo seu jeito de olhar as coisas.

DEPOIS DE certo tempo a escuridão absoluta se torna insuportável. Fui à Groenlândia. Viajei até lá para encontrar (assim como em Bali) uma paisagem violentamente visual. Para obrigar meu cérebro a ver. No extremo norte da ilha a escuridão prevalece a maior parte do tempo. Mês após mês o negror deita seu manto, numa situação extrema.

Se você vive sob condições extremas, como na cegueira, acaba encontrando dentro de si coisas com as quais não teria contato de outra forma. Você pode sair derrotado ou vitorioso.

Nova York é frenética, com direito a estresse e vários problemas. Mas quando você vai à Groenlândia, uma ilha com metade do tamanho da Europa, com 50 mil habitantes, alguns bois-almiscarados, milhares de leões-marinhos, centenas de ursos-polares e meses de escuridão, as condições extremas forjam pessoas bem diferentes do nova-iorquino típico. Você está tão ocupado na luta pela sobrevivência que não deveria haver espaço para a depressão. No entanto, no extremo norte da ilha, debaixo da noite longa e escura, é possível ficar deprimido e até louco. Pouquíssimas pessoas aguentam tamanha escuridão.

Nessas condições, você encontra uma nova maneira de viver. Se é forte o bastante, isso pode libertá-lo. Você acaba pagando um preço alto por essa liberdade, que é viver no lugar mais hostil do planeta. Mas espaço, especialmente o espaço que existe dentro de você, é algo absoluto. Você entra em contato com sua essência.

Fiquei hospedado em Ilulissat, uma vila de pescadores na imensa baía Disco. Diariamente eu ia até um fiorde de 40 quilômetros de extensão por 6 quilômetros de largura. Os icebergs passavam flutuando à minha frente, milhares deles, altos como os prédios de Nova York. Imagine você na beira de um fiorde, sozinho e em silêncio absoluto, e de repente vê um bloco de gelo do tamanho de Manhattan passar à sua frente, flutuando calmamente até sumir no horizonte. Eu não podia ver nada disso, claro, mas a imagem é tão forte que é difícil acreditar que não vi. O barulho também é espantoso. Os pedaços de gelo despencam como a explosão de uma bomba atômica, e às vezes o impacto cria ondas de até 20 metros de altura. Você pode ver e ouvir todos esses arranha-céus tremerem ao mesmo tempo. Eu vi isso?

À margem do fiorde de Ilulissat eu criei minha própria visão.

meu último quadro parece uma premonição.

Não chegou a ser concluído. Eu trabalhava nele quando fui atacado.

É uma tela grande de um homem negro visto da cintura para cima puxando um cavalo, do qual se veem apenas a cabeça e o peito. A outra mão repousa nos cabelos de uma menina. Eu havia imaginado um tema diferente para o quadro. Algo como uma mulher rica, vestida em um casaco de pele, segurando com uma das mãos seu cavalo de corrida e com a outra a filha pequena. Uma síntese de egoísmo, poder e dinheiro. Para meu espanto, um homem negro com o torso nu musculoso surgiu no lugar da mulher. Em pouco tempo a obra estava concluída, exceto por um detalhe: eu não conseguia pintar os olhos do homem e do cavalo. Para ser mais preciso, assim que os pintei a tela perdeu imediatamente seu significado.

Quanto mais eu olhava para o quadro, mais eu percebia ter criado de alguma maneira um autorretrato. Dentro de você há um cavalo selvagem, uma menina (*Alice no País das Maravilhas*) e um personagem muito masculino – e você é a combinação dos três.

Deixei os olhos do cavalo em branco e esfreguei levemente os olhos do homem com um pano, o que acabou cobrindo suas órbitas com a cor da pele, como se as pálpebras estivessem coladas, assim como as minhas após a cegueira.

Eu me lembro da dificuldade de pintar o homem negro porque eu não tinha referência visual. Com uma namorada, fui até uma sex shop na Rua 42 procurar o torso nu e forte de um negro. Folheamos várias revistas pornográficas, vendo as coisas mais chocantes e rindo. Em geral as pessoas não parecem muito à vontade num estabelecimento desse tipo, como se de repente se sentissem culpadas. E nós dois não sentíamos culpa alguma, apenas procurávamos um modelo bonito. Mas os clientes não estavam gostando do nosso comportamento. Olhar para aqueles produtos e cair na gargalhada não é a melhor maneira de frequentar a Rua 42. Você precisa se sentir culpado ou pelo menos ser discreto.

eu estava no Vietnã. Era correspondente de guerra freelancer. O conflito se aproximava do fim, em 1973. Era terrível, mas minha atenção não estava voltada para a guerra propriamente dita. Meu interesse era a população do país, sobretudo as crianças, em especial as órfãs.

Estava interessado nos inocentes que sofriam as consequências daquela loucura.

Eu me lembro de ir a um orfanato em Saigon e ver cerca de mil crianças brincando no pátio. Num canto havia uma menina linda de 12 anos de idade. Parecia envergonhada, sozinha, longe das brincadeiras. Ela não tinha os dois braços.

Culpa de uma mina terrestre.

Essas visões ainda são nítidas na minha mente.

Quando eu estava no Hospital St. Vincent, em Nova York, um médico me disse:

– É estranho você não estar transtornado com a cegueira.

– Eu já vi muita coisa – respondi.

Se eu tivesse me tornado o que os outros esperavam – isto é, funcionário de banco ou coisa parecida –, provavelmente estaria desesperado, porque teria vários arrependimentos. Quando trabalha num escritório, você diz: "Um dia vou viajar pelo mundo." Em vez disso, fui viajar pelo mundo e pensei: "Talvez um dia eu tenha que trabalhar num escritório."

Vi ilhas selvagens, mulheres com dentes de ouro e órgãos sexuais como anêmonas-do-mar. Vi uma ilha branca e quente onde leprosos comiam tubarões. Vi ilhas escuras escondidas na noite, aprisionadas na própria magia. Era o vento que me levava, eu não tinha vontade de ver a natureza bruta, a selvageria pura, o homem sem esperança, os ossos brancos nas lagoas, as crianças perdidas, a menina das mil rupias, o tubarão morto encarando o leproso e todas as tragédias de nossos sonhos castrados na caverna sem fim.

Sim, eu vi o mundo.

No fim do dia, Abdul Jemal, o capitão do barco em ruínas, apontava para uma linha nebulosa no litoral branco e gritava "Makassar", antes de ordenar a manobra que nos levaria para uma nova direção. Sua voz, ao pronunciar o nome "Makassar", tinha uma entonação que abraçava toda a cidade, os bares, os bordéis, os crimes, os barcos chegando de todos os cantos daquele país feito de água, daquela nação flutuante, das 14 mil ilhas espalhadas entre o arquipélago de Java, Bornéu, as Celebes e as Filipinas.

Abdul Jemal dizia: "Quando sua vida depende do vento, uma grande calmaria se instaura dentro de você."

eu via o mundo muito bem e ainda vejo. Olho para o mundo até hoje. A percepção que tenho é diferente, mas o mundo ainda é visual.

Às vezes tenho medo de que a lembrança que guardo do mundo visível desapareça aos poucos, substituída por um universo abstrato de sons, cheiros e toques.

Eu me obrigo a visualizar este quarto de hospital com sua mobília fria, sua janela, suas cortinas. Penso em pinturas como O cavaleiro polonês, *de Rembrandt, e os retratos do Papa Inocêncio X, de Francis Bacon.*

Minha habilidade de criar imagens não pode atrofiar. Tenho de preservar minha capacidade de evocar esse mundo para o qual olhei intensamente por 35 anos. Contemplando em minha memória o vulcão de Lombok ou a perfeita harmonia de uma obra de Michelangelo, continuo recebendo deles instrução e conhecimento. É o grande privilégio de uma pessoa cega que antes podia enxergar.

assim que comecei a caminhar fora do quarto do hospital, ou quando ficava nele sozinho, batia a cabeça, tinha medo de ferir os olhos. Queria uma proteção, algo que não fosse de vidro, pois temia que os cacos me furassem as vistas. Desenhei os óculos num pedaço de cartolina, uma espécie de máscara, ou qualquer outro nome que você queira dar.

Hoje uso uma faixa com o formato de óculos, cortada de uma folha de aço. O metal reflete as luzes da cidade, os olhos das pessoas. Ele esconde meu medo, minha ferida, um tipo de arrogância brutal. A faixa é à prova de piedade.

Conheci um joalheiro do SoHo que entendeu meu propósito e fabricou a faixa. Devo admitir que ela me serve muito bem e proporciona a confiança de que preciso. Cicatrizes são algo muito íntimo.

TIVE QUE aprender a ser ajudado.

Aprendi a me organizar – eu não era uma pessoa organizada –, caso contrário não encontraria as coisas no meu quarto, o que também era uma novidade. Paciência acima de tudo. Paciência e aceitação. Aceitar ajuda é o mais difícil.

A primeira vez que saí do quarto do hospital para andar no corredor, tive de segurar no braço de um amigo. Naquele momento entendi: eu sempre precisaria de ajuda e teria de aceitá-la.

Se você é muito independente e pouco paciente, pode usar minha situação como exemplo para transformar sua personalidade. Aprendi que, por mais que eu tentasse ser independente, ainda precisaria de ajuda se quisesse alguma coisa.

Sei que vai ser difícil, mas vou me esforçar. O tempo será meu aliado e estou certo de que vou conseguir.

A primavera chegou e estou claustrofóbico, sufocado pela cidade. Ao mesmo tempo, me apaixonei por uma bailarina, caprichosa e imprevisível. Tão imprevisível que desapareceu numa última pirueta no fim de junho. Por isso embarquei numa jornada incrível e inesperada.

Alguém me disse que ela havia ido para a Índia, o Himalaia, a Caxemira e Ladakh.

Ladakh. Tento lembrar. Há alguns anos vi umas fotos de um vale fértil no meio de uma fantástica paisagem de pedras. Ao fundo erguiam-se os picos nevados das montanhas.

Sempre fui reticente com relação a ir à Índia. Eu não sabia nada sobre aquele país.

Mas estou apaixonado por essa mulher e quero encontrá-la.

SOZINHO, COMECEI a viagem pela Caxemira e por Ladakh e Zanskar, que são vales do Himalaia.

Viajei sozinho por dois meses.

Nada de ruim me aconteceu. Pelo contrário. Aprendi uma boa lição: se você encontra um jeito de dançar com as pessoas, de dançar com a vida, nada de ruim pode lhe acontecer.

Eu tinha de ter esperança de que fosse assim.

Precisava acreditar.

Quando cheguei a Nova Délhi, capital da Índia, minha mochila e meu dinheiro desapareceram.

Eu pensei: "Fui roubado. A única coisa a fazer é pegar o primeiro avião de volta a Nova York."

Não demorou uma hora e meus pertences foram devolvidos pelas pessoas.

Não disseram nada. Nem sequer uma palavra.

Em silêncio, pegaram minha mão e me levaram até a alfândega, às autoridades aeroportuárias, e devolveram meu dinheiro, parte dele convertida em rupias.

Fui colocado num riquixá.

Quando quis retribuir com um pouco de dinheiro, minha mão não os encontrava. Perguntei ao condutor:

– Onde eles estão? Eles trabalham aqui?

– Não, são apenas mendigos – respondeu.

Mendigos que viviam no aeroporto.

Eles me viram e perceberam que eu precisava de ajuda. Decidiram fazer tudo por mim.

Pensei: "Vai ser uma viagem interessante."

O Hotel Imperial é uma construção antiga em Janpath, com quartos enormes. Às seis da manhã, após uma breve noite de sono, começo a procurar pela piscina. Um senhor de turbante e com uma espécie de tanga, com movimentos cadenciados e voz extravagante, me leva do vestiário à piscina deserta.

Mergulho. A água guarda ainda o frio da madrugada. Nado com disposição, expulsando dos músculos as 20 horas de voo. Alguma coisa atinge minha cabeça. Por uma fração de segundo tenho a sensação de que vou bater contra a borda. Estendo a mão e não encontro nenhum obstáculo. Começo a nadar novamente. No início sigo devagar, mas, à medida que recupero a confiança, encontro a disposição de antes. Porém mais uma vez sou obrigado a parar. Um objeto rígido arranha meu nariz. Sou mais rápido e, com um gesto firme, como se quisesse capturar uma mosca, agarro... minha bengala! Isso mesmo, minha bengala, e ouço a voz do velho me orientando à beira da piscina: "Por aqui, senhor, por aqui!"

Ele havia percebido que eu usava a bengala para me orientar. Uma vez que não podia fazer isso dentro da água, ele corria ao lado da piscina, apontando-a sempre à frente do meu nariz para indicar a direção a seguir.

Ajudado por mendigos e orientado debaixo da água por um senhor cheio de energia. Estou encantado pelo país, nunca havia imaginado nada igual. Acho que não vou encontrar grandes dificuldades na Índia.

quando penso nisso, vejo que conheci pessoas incríveis: um vendedor de damascos, um monge, um filósofo andarilho. Não tinha ideia do lugar aonde estávamos indo. Eu apenas caminhava ao lado deles.

Kemala insistiu em me levar ao encontro de um homem santo.

O lugar é escuro e sem janelas. O homem começa a falar. A voz é gentil porém firme. Meu companheiro de viagem não havia dito que ele tinha 130 anos? Eu lhe daria uns 100 anos a menos. Kemala começa um monólogo, interrompido por perguntas breves e precisas do santo. Depois, meu companheiro vira-se para mim e diz em um tom de reprovação:

– Ele nada pode fazer por seus olhos.

– Diga-lhe que já sei disso, não precisa se preocupar. Pergunte sobre a mulher por quem estou procurando.

O homem santo ri. Pede que eu me sente no tapete ao seu lado. Segura minha mão. Estou de frente para ele, sinto nossos joelhos se tocarem. Ele coloca minha mão direita sobre seu joelho. Sob o tecido de algodão, a pele do homem tem um aspecto incrivelmente jovem. Ele parece estar gostando do encontro. Tenho essa sensação porque percebo o sorriso em sua voz, a maneira como ele põe a mão sobre a minha.

– Aprenda a viver lentamente. Assim não haverá mal algum na morte – diz o homem.

Quando decido que é hora de partir, tenho a sensação de que abandono o homem àquele estranho destino, que é ficar sentado na almofada no quarto escuro.

Preparo-me para me levantar quando de repente ele agarra minha mão e diz: "Sobreviver à vida é tudo."

Acho a frase engraçada e rimos muito.

PASSO DOIS meses nos vales do Himalaia, caminhando com aquelas pessoas. A partir dos vales estreitos, o caminho começa a subir em direção à monstruosidade que o cerca. Aquela grandeza não parece nascer da terra, mas cair do céu.

À noite, entre mim e o infinito, posso ouvir um leve assobio, quase imperceptível. Deus assobia entre os dentes, os pontudos picos gelados.

De repente a beleza me atinge como um punhal. A dor de perceber a beleza sem conseguir vê-la.

É impossível acreditar que não a vi.

Meu cérebro produziu imagens fortes que estão nitidamente gravadas.

O simples contato do ar com a pele revela a luminosidade do céu.

Havia uma menina que nasceu cega. Um dia, a mãe a viu subindo numa árvore. Ela correu para pegar a filha:

– O que você está fazendo?

– Tentando tocar o azul do céu – respondeu a garotinha.

No Himalaia, eu toquei o azul do céu.

Minha mochila não é própria para caminhadas. Eu a troco de um ombro para outro o tempo todo, mas não demora muito e eles começam a doer. Alivio a dor colocando a mochila na cabeça, mas o peso torna meu corpo rígido, obrigando-me a andar como um robô. Estamos a caminho de um monastério onde Krishna, um comerciante, quer comprar a colheita de damascos. Estamos andando há algum tempo e a trilha é íngreme. De repente o barulho característico de cascos de cavalo faz o solo tremer.
Uma mula!

Jullays! Jullays! Saudações! Tento explicar ao proprietário que desejo alugar o animal.

Todos começam a rir, sem entender nada. O homem percebe que a viagem dele chegou ao fim quando eu seguro o arreio da mula, obrigando o animal a dar meia-volta, num giro de 180 graus. Em seguida, jogo a mochila nas costas da mula, sento-me de lado sobre a pequena montaria e, apontando para a frente, grito "Gompa!", "Monastério!", como alguém que diz "Atacar!". Há um momento de silêncio e todos explodem em gargalhadas. O dono do animal aceita minha oferta de 20 rupias, mas a mula não é consultada. Com a teimosia peculiar à sua espécie, ela se recusa a sair do lugar. Krishna tenta empurrá-la, mas logo se lembra da velha técnica e agarra a cauda do animal, torcendo-a com vontade. A mula então dispara como um raio, numa arrancada que surpreende o próprio animal.

Às vezes durmo no chão da trilha.

Tudo é silêncio. O silêncio é impressionante. Deitado sob as estrelas, envolto no calor da manta, sou arrastado para a tentação do invisível.

NÃO GOSTO de viajar. Isto é, quando viajo, não gosto de ficar me locomovendo. Prefiro sentar numa pedra e ouvir o que está acontecendo ao redor. Consigo passar semanas sentindo o ambiente e conversando com as pessoas.

É preciso aprender a se locomover menos, viajar verticalmente e absorver a harmonia, o silêncio e a beleza.

O terreno volta a ficar plano. Entramos num pequeno vale em forma de arena. "Gompa", diz um dos monges, segurando minha mão e apontando-a para cima. Entre as montanhas, o grande monastério de Rizong se revela em toda a sua majestade.

Quando chegamos ao topo, os monges se reúnem à minha volta. Percebo as vozes de meninos, crianças ainda. Eles riem e falam num tom alto e agudo. Apesar do alvoroço causado pela minha chegada, tenho uma sensação de paz naquele burburinho. Sou levado até um terraço onde me apresentam ao rinpoche, *o líder do monastério. O homem segura os dedos da minha mão esquerda. Apesar de eu não entender uma única palavra do que ele diz, meus dedos percebem que sou bem-vindo. Ao lado do* rinpoche, *um monge traduz o discurso para um inglês não muito bom. O líder diz: "Venha para nosso teto e fique o tempo que quiser. A comida ser muito ruim. Por que veio?"*

Após alguns dias, os monges parecem acostumados com minha

*presença e me deixam dormir num terraço elevado. Lama
Lampu, o tradutor, chama esse lugar de Terraço da Solidão.*

*Pela manhã, ouço o arrastar de sandálias. "Jullay! Jullay!"
É o Lama Lampu. Ele se senta. O grito de uma ave de
rapina rasga o ar e, em algum lugar lá embaixo no vale,
escondido entre as árvores, o rio segue seu curso. Lama Lampu
põe a mão no meu peito e sorri. Diz que minha insistência
em dormir ao ar livre me deixa vulnerável a todos os tipos
de espíritos. Ele comenta que meu rosto ainda está escuro da
noite. Vamos tomar café da manhã, um mingau sem graça.*

*A cozinha, fervilhando de gente, é um cômodo
quadrado e com o pé-direito alto. No meio, um fogão
a lenha fica aceso durante todo o dia. O ambiente é
esfumaçado. O teto, as paredes, as prateleiras: o lugar
inteiro parece carbonizado, coberto de fuligem, com
exceção dos reluzentes utensílios de bronze e cobre.
A fumaça dança no ar e parece não incomodar os
monges, que se misturam à paisagem monocromática.
Emoldurado pelas pequenas aberturas na parede grossa, o
cenário é ainda mais luminoso. Sentamos perto da janela
com nossas pequenas tigelas de madeira.*

*Lama Lampu me guia a todos os lugares, faz com que eu
toque e veja tudo. A grande fachada do monastério, com*

seu desenho clássico e sóbrio, esconde um extraordinário labirinto de corredores, passagens, níveis, cantos e terraços que se projetam contra o céu. Um misto de caos e desordem invade minha mente. Passagens secretas, janelas que se abrem para paredes, cômodos sem utilidade aparente. Mas, depois de um tempo, percebo que a confusão arquitetônica tem funções muito precisas, que há razão naquela loucura.

No santuário principal, o lama se mantém à minha esquerda, o braço em volta da minha cintura, segurando minha mão direita. Ele não apenas me orienta como guia meus dedos sobre livros centenários, sobre a cadeira reservada ao Dalai-Lama, sobre as várias estátuas das encarnações de Buda. Nenhum detalhe passa despercebido. Respeitando a tradição budista, percorremos o local no sentido horário. Uma cena de Quanto mais quente melhor *vem à minha cabeça, fecho minha mão sobre a do Lama Lampu e o conduzo em um tango, criando minha própria trilha sonora. "Ta-Dum, ta-Dum, tadada-Dum." Com certeza é a primeira vez que se dança tango num monastério do Himalaia. Os monges riem com gosto, mas meu comportamento, que me deixa um pouco surpreso, não parece chocá-los.*

NUNCA MAIS vi a bailarina, porém reencontrei minha liberdade. Na realidade, encontrei muito mais do que isso.

UM DIA um amigo me perguntou:

— Como você imagina meu rosto?

— Como assim? — respondi. — Eu já o conhecia antes de ficar cego!

Ele foi rápido:

— Não conhecia, não!

— Eu me lembro bem do seu rosto! — rebati.

— Nada disso, você nunca me viu! — insistiu meu amigo.

Pensei: "Será que ele tem razão?"

Fizemos algumas contas e concluímos que ele estava certo. Mas sei exatamente como ele é, sua aparência.

Só que não posso ter certeza.

A visão é uma criação.

Não é apenas percepção.

Estou sempre testando minha teoria.

Quando ando na rua com alguém, pergunto se há alguma coisa ali. A resposta é uma parede, uma árvore. Mas as pessoas não veem nada.

Se ando na companhia de um amigo pintor, cujo olhar é o mais apurado que já vi, o passeio torna-se uma viagem. A caminhada é uma aventura em razão do que ele observa.

Ele cria uma visão e a transmite para mim.

...

Acho que não existe a realidade. O que você vê é diferente daquilo que seu vizinho presencia. Então quem sabe o que é a realidade?

Repito: visão é criação.

Por isso algumas pessoas veem e outras não.

Assim como podem ouvir uma música ou escutar um barulho.

As pessoas agem da mesma maneira com os olhos. Não estão interessadas no que veem e não entendem nada a respeito.

A visão serve apenas para desviar de uma árvore ou de um buraco.

Meu amigo pintor diz que pintar é enxergar além.

Acho a afirmação verdadeira e ela não se aplica apenas à pintura.

Ver é sempre enxergar além. É se colocar atrás da aparência. Há um mundo por trás do mundo real.

Quero convencer as pessoas de que os olhos da alma também podem enxergar.

PARA VER, é necessário libertar-se do imediato. Olhar além abre o horizonte e permite chegar ao ponto onde a beleza se une à verdade. A harmonia do invisível é sempre mais bela que a do visível.

Conversei com um arquiteto escandinavo sobre os icebergs da Groenlândia. Para minha surpresa, ele comentou que durante sua juventude tinha várias fotos desses gigantes de gelo na parede do quarto e que as imagens serviram de inspiração para sua arquitetura. O interessante é que ele enxergava algo que ninguém via, que era a arquitetura de um iceberg.

Com o som a situação é parecida. Todo mundo já ouviu o canto de um pássaro, mas o compositor francês Olivier Messiaen, por exemplo, criou um universo musical com o som das aves.

Houve uma época em que ouvir Glenn Gould ao piano era sinônimo de escutar os rangidos do banco em que ele estava sentado e os murmúrios de seus lábios. Gosto disso. Algumas pessoas se irritam. Eu não. Acho emocionante ouvir sua música interior. Não é uma interpretação de Bach, e sim Glenn Gould em ação. É possível sentir emoção com o ranger de um banco.

Ainda que tenha olhos e ouvidos perfeitos, você pode ser cego para a beleza e surdo para a música. Ser incapaz de criar com olhos e ouvidos.

Após ficar cego percebi que até então eu pouco havia escutado – tanto música quanto as pessoas. Estava muito ocupado em olhar.

Adorava música, porém eu não estava *na* música. Estava ocupado com os olhos.

Depois de perdê-los, comecei a me apaixonar por música.

Fui para o instituto de cegos e disse que queria aprender piano.

Comecei as aulas, mas eles ensinavam em braile, método cansativo que obrigava a manter uma das mãos sobre a partitura. Como é possível tocar piano com uma só mão?

Ouvi falar de um jovem professor russo que morava em Nova York. Com ele, aprendi a tocar piano aos 35 anos de idade.

Foi a libertação da minha alma.

Tocar piano é muito melhor do que tomar Valium.

O QUE é a visão exatamente?

No livro que escrevi em Bali falei um pouco a esse respeito, mas não dei detalhes sobre o processo. Apenas contei de maneira precisa o que vejo – paisagens internas –, sem maiores explicações. O editor não cansava de escrever nas margens do manuscrito: "Como você sabe disso?" Como eu sei? Mas é exatamente o propósito do livro!

A cegueira é um confronto direto com você mesmo. Ela o obriga a olhar para dentro e, quando está escuro, você não enxerga nada. Minha visão é baseada em paisagens internas. Muitas pessoas não veem suas paisagens internas porque não olham para dentro. Elas pensam que, uma vez que estão dentro delas, é algo escuro, não há nada para ver.

Escrevi sobre uma viagem que fiz ao Himalaia, contando em detalhes o que vi – e que de fato não enxerguei – em minhas visões.

Minha viagem é imaginária, ela se dá onde a força reside.

Meu livro foi lido por um professor especialista em percepção. Seu interesse era o processo pelo qual o cérebro cria a visão.

Richard L. Gregory, professor do Centro de Pesquisa em Sistemas Perceptivos do Departamento de Psicologia da Universidade de Bristol, estudou um homem que perdeu a visão com 10 meses de vida e a recuperou aos 53 anos. Após a cirurgia ele conseguia perceber imagens, mas não via nada. Isto é, ele não era capaz de entender o que percebia.

A visão vai além da função ocular. Uma câmera percebe, mas não vê. A cegueira tem efeitos permanentes na maneira como o cérebro processa as informações e constrói nossa visão do mundo.

É possível dizer: uma pessoa cega que começa a enxergar se torna cega.

Ela tem percepção, mas não tem visão.

Perguntei a um adolescente que nasceu cego:

– O que você faria se começasse a enxergar?

Ele ficou em silêncio por um tempo e então respondeu:

– Eu tenho medo de que as imagens destruam minha imaginação.

Não é o que está acontecendo com a maioria de nós neste mundo de visualmente obesos?

Quando as ataduras nos olhos do paciente do Dr. Gregory foram retiradas, ele percebeu algo vindo em sua direção. Um buraco se abriu e a voz de sua esposa parecia atravessá-lo. O homem imediatamente pensou: "Ih!, esta deve ser a minha mulher!" Não demorou muito e o casal se divorciou. Nesse caso, a imagem destruiu o imaginário.

O paciente não apenas não gostava do que via como não entendia.

Perguntei ao adolescente cego:

– Você consegue imaginar o mar?

– Consigo imaginar as ondas. Mas a correnteza que arrasta a água até o infinito é impossível – respondeu ele.

O infinito é difícil de imaginar, especialmente quando ele termina distante, no horizonte. É mais fácil imaginar o que você pode alcançar com as mãos e os braços, mas além disso...

O paciente do Dr. Gregory podia segurar a esposa nos braços, mas ainda assim...

UMA REAÇÃO tipicamente masculina: a cegueira é o equivalente da castração.

No início eu não acreditava, mas o que se passa em nossa mente é parecido.

Na Bíblia existe a maravilhosa história de Sansão. Ao ler o relato, você percebe o que acontece com ele, nota que a cegueira é uma espécie de castração.

A primeira coisa que Édipo faz após dormir com a mãe e gerar filhos no ventre do qual ele havia saído é arrancar os próprios olhos, em vez de castrar-se.

No homem, a cegueira mental e a castração estão ligadas.

Conheci um homem que tinha um ciúme doentio da esposa, mas não se incomodava com o fato de eu ficar sozinho com ela no mesmo cômodo ou de dormir na mesma casa que ela, mesmo quando ele não estava presente.

Eu não oferecia perigo.

Eu achava isso incrível.

Percebia que ele sentia ciúme de qualquer outro homem, mas comigo ficava completamente à vontade.

EU SINTO tristeza.

Obviamente gostaria de enxergar. Se amanhã alguém me disser que essa possibilidade existe, eu farei de tudo para consegui-la.

Acho que a cegueira tornou minha vida mais complicada.

Mas eu tento usá-la como uma ginástica mental.

Porém nem sempre tenho sucesso.

Às vezes fico exausto.

Quando você está muito cansado e não consegue realizar o que deseja, fica deprimido.

É preciso ter cuidado.

Esvazie a mente de qualquer pensamento negativo, porque isso é muito perigoso.

Desde que perdi a visão, dois amigos se suicidaram. Eles me diziam que não conseguiam entender por que eu não havia tentado me matar.

Suicídio? Nunca! A ordem é continuar vivendo: de maneira humilde e com escrúpulos.

· · ·

Eu tinha um amigo viciado em heroína.

Ele morreu de overdose há quatro anos, aos 53 anos.

Um grande artista e pintor: bem-sucedido e com uma esposa e uma filha lindas.

Ele não conseguia entender por que eu não usava heroína.

Eu me lembro bem das obras de Mark Rothko. Antes da fase sombria no final da carreira, ele pintou quadros que eram verdadeiras manifestações de luz e silêncio. Visões bastante espirituais (seja lá o significado que você atribui a *espiritual*).

A capela que o artista construiu em Houston é reveladora. Você não consegue entender, mas a sensação é de estar num grande templo, numa máquina espiritual. Mas o que aconteceu com Rothko? Ele bebeu até a morte. Quando entrou na fase sombria, o artista vivia praticamente em delírio. Um amigo dele me disse: "É terrível imaginar que ele está se matando."

Por que ele bebia? Não tenho resposta.

Por que as pessoas se destroem, por que cometem suicídio? Por que nunca pensei em suicídio?

Não tenho respostas.

Tenho a sensação de que o único pecado é o de Judas, que trocou Jesus por 30 moedas de prata e se enforcou em seguida por desespero.

É o pecado absoluto. O pecado contra a vida.

AS NOITES se desfazem.

O que é nítido é que a aventura que cria a liberdade e dá as respostas não pode mais ser realizada do mesmo modo. E de qualquer maneira, a fim de ir além, eu tenho de mudar. A aventura é revoltar-se e não se resignar.

Entendo por aventura tudo o que se opõe à perda de consideração pela vida. A única injúria irreparável é a morte.

Se você tem uma visão clara da condição humana, um pouco de inteligência e certo distanciamento de si mesmo, nada é trágico de fato: apenas a condição humana em si mesma.

O que está acontecendo comigo também está acontecendo com toda a humanidade.

O que está acontecendo nas guerras, nas prisões e nas câmaras de tortura está acontecendo comigo como indivíduo.

Vingança? Curiosamente, isso não me preocupa. O que sei é que, se busco vingança, se me entrego ao ódio, vejo-me preso ao passado, obcecado pelo que fizeram comigo, incapaz de me projetar no futuro. Assim, além de terem destruído meus olhos, eles conseguirão ceifar meu futuro, exterminar minha vida. Não tenho tempo para eles.

Ater-se à própria dimensão é o objetivo maior da aventura. Satisfazer seu Destino. Tornar-se Uno.

...

Não importa o que façamos, há sempre a esperança da redenção.

Se perco a esperança, então cometo suicídio.

Você já leu os textos de Primo Levi? Preso no campo de concentração de Auschwitz, ele estava numa situação na qual viver era impossível, mas, com um instinto formidável e uma tremenda força de vontade, ele sobreviveu. Poucos sobreviveram. Porém anos depois ele cometeu suicídio. Por quê? Ele sabia coisas sobre as quais não conseguia escrever. Ele saiu do campo de concentração sem Deus e sem o Homem.

Ele sabia que é possível viver sem Deus, mas não se pode viver sem o Homem. Isto é, sem acreditar no Homem.

Por que você quer viver, por que você quer morrer?

Enquanto acordar de manhã cheio de esperança, você estará bem.

Se acordar de manhã com o desejo de voltar a dormir, você está correndo perigo.

Às vezes isso acontece comigo.

PERDER A esperança na vida é não saber o que ela pode proporcionar. A vida pode oferecer redenção. Não num sentido religioso, mas de uma forma vital.

De repente me vi numa cama de hospital pensando que minha vida tinha chegado ao fim. Dez anos depois, criei um balé em Varsóvia. Eu nunca imaginaria que a vida poderia seguir por esses caminhos.

Muitas pessoas acham que a perda da visão foi uma ruptura terrível em minha vida. Mas ela nem sequer significou uma ruptura. A vida continuou, só que de maneira diferente.

Houve, sim, uma ruptura na minha condição física, mas não no meu destino. Este é *meu* destino.

Após perder a visão, não imaginava que estaria à frente de algo tão visual quanto um balé. Eu criei o espetáculo *Pas de Deux*. Escrevi a história, desenhei o cenário e selecionei a trilha sonora. O balé foi encenado na Grande Ópera de Varsóvia. Foi uma sensação única e extraordinária. Quando o criei, não o encarei como um desafio. Nada disso. Fiz tudo por causa da minha amiga bailarina, uma profissional brilhante que era sempre convidada a se apresentar pelo mundo.

À época, propus a ela: "Você faz a coreografia e eu componho o *argument*, como os franceses chamam o 'tema'." Não encarei a situação como uma prova, mas como algo animador e empolgante.

Depois de escrever o "tema", desenhei o cenário, inspirado no quadro *Hotel by a Railroad*, de Edward Hopper. O espetáculo precisava de um figurante para ficar sentado num bar. Não encontramos ninguém, então acabei em cima do palco, o que foi muito emocionante. Eu diante do grande monstro, a plateia. Não conseguia vê-la, mas podia sentir sua respiração. Ela olha para você com milhares de olhos e você retribui com a alma.

Pode parecer estranho, mas a cegueira não mudou tanto minha vida.

Achei que mudaria drasticamente, mas admito que não foi bem assim.

Ela me tornou uma pessoa mais obstinada.

TUDO O que procuramos é o sentido da vida.
E o sentido da vida *é* a vida.
Quando você entende isso, as coisas ficam mais fáceis.

O sentido da vida não é subir para o reino de Deus.
A eternidade é agora.

Não há futuro. O futuro é agora.

O sentido da vida *é* a vida.

Se você conversar com os físicos quânticos, eles vão lhe contar sobre a Parede de Planck, fenômeno que ocorreu 10^{-43} segundo depois do Big Bang (a suposta explosão). Não temos certeza de que isso de fato tenha acontecido.
Espaço e tempo desaparecem atrás dessa parede.
É difícil imaginar um Universo sem espaço e tempo.
A mente não consegue entender essa ideia.

Mas ela tem um significado.

Significa que provavelmente o tempo não existe.

A eternidade é agora.

Você precisa saber que no fim será derrotado.

Será derrotado pela idade. O envelhecimento é um inimigo contra o qual não podemos fazer nada.

Ser velho não é fácil. Ser velho e cego é muito cansativo.

Aproveite a vida enquanto é possível, porque no fim seu corpo será derrotado.

Ao menos sua mente será vitoriosa e independente.

O FATO de eu ter perdido a visão é impressionante, porém há coisas bem piores.

Outro dia peguei um táxi.

O motorista era um cambojano baixinho e, de modo delicado, ele me perguntou:

– O que aconteceu? É só uma doença e depois sua visão vai voltar?

– Até onde sei, é irreversível – respondi.

– Sinto muito. Não consigo nem expressar quanto lamento pela sua dor.

Fui sincero ao responder:

– É muita bondade sua. Sinto que você percebe e demonstra sua compaixão pelo que aconteceu comigo. Mas há milhares de pessoas com ferimentos mais graves que os meus e ninguém vê nem faz nada.

O rapaz ficou em silêncio por um instante e então disse:

– Entendo perfeitamente o que está dizendo. Minha mulher e meus quatro filhos foram mortos na minha frente no Camboja.

E ali estava ele, dirigindo seu táxi pelas ruas de Paris, carregando uma grande ferida que ninguém podia ver.

Não há como comparar.
É muito pior.

POR QUE viajo?
   Por que vou conhecer os lugares?
   Não sei.
   Mas espero um dia me cansar disso.

Agradecimentos

Obrigado...
A Laure de Gramont, fundamental para esta obra.
A Judith Curr, que inventou este livro.
A Peter Borland, o editor mais paciente e entusiasmado que conheço.
E a todos que me estenderam a mão no caminho para a luz.

CONHEÇA OUTROS TÍTULOS DA EDITORA SEXTANTE

Uma segunda chance
Susan Wilson

Adam March teve uma infância sofrida. Abandonado pelo pai e pela irmã antes de completar 6 anos, ele cresceu sozinho e, com muito esforço, construiu uma brilhante trajetória pessoal e profissional. Aos 46 anos, era um empresário rico, bem-sucedido e com planos ambiciosos.

Um dia, porém, seu passado volta para assombrá-lo de forma inesperada. Sua assistente, Sophie, lhe deixa um bilhete: sua irmã ligou. Três palavras simples mas capazes de tirá-lo do sério e provocar um colapso nervoso.

Descontrolado, Adam agride Sophie e esse gesto impensado o faz perder tudo o que conquistara com tanto esforço – a carreira promissora, o casamento estável, o respeito nos círculos sociais.

Agora, morando sozinho num bairro pobre, entregue à solidão e ao álcool, Adam passa os dias servindo comida em um abrigo para os sem-teto. Sua nova realidade o leva a refletir sobre as escolhas que fez e o preço que teve de pagar por se transformar num homem arrogante e preconceituoso.

É nessas circunstâncias que conhece Chance, um cão de briga que, assim como Adam, fora endurecido pela vida. Cansado de ter que lutar na arena para receber comida, o pit bull consegue escapar e, pela primeira vez, se vê livre.

Quis o destino que essas duas criaturas perdidas se encontrassem. Juntos, Adam e Chance vão descobrir o poder da confiança, da amizade e do amor. Por meio da improvável relação que nasce entre eles, ambos recebem uma segunda chance. O cão tem a oportunidade de continuar vivo e Adam, de recuperar sua humanidade.

Uma segunda chance fala de perdas e fracassos, de perdão e redenção. Susan Wilson aborda de forma leve e divertida nossa necessidade intrínseca de dar e receber amor.

A última grande lição
Mitch Albom

Cada um de nós teve na juventude uma figura especial que, com paciência, afeto e sabedoria, nos ajudou a escolher caminhos e olhar o mundo por uma perspectiva diferente. Talvez tenha sido um avô, um professor ou um amigo da família – uma pessoa mais velha que nos compreendeu quando éramos jovens, inquietos e inseguros.

Para Mitch Albom, essa pessoa foi Morrie Schwartz, seu professor na universidade. Vinte anos depois, eles se reencontraram quando o velho mestre estava à beira da morte. Com o contato e a afeição restabelecidos, Mitch passou a visitar Morrie todas as terças-feiras, tentando sorver seus últimos ensinamentos.

Durante 14 encontros, eles trataram de temas fundamentais para a felicidade e a realização humana. Através das ágeis mãos de Mitch e do bondoso coração de Morrie nasceu esse livro, que nos transmite maravilhosas reflexões sobre amor, amizade, medo, perdão e morte.

Com mais de 10 milhões de exemplares vendidos no mundo, esse livro foi o último desejo de Morrie e sua última grande lição: deixar uma profunda mensagem sobre o sentido da vida. Transmitida com o esmero de um aluno dedicado, essa comovente história real é uma verdadeira dádiva para o mundo.

Escolha ser feliz
Stephanie Dowrick

A mensagem desse livro é bastante clara: você pode ser mais feliz. Por meio de suas escolhas, também pode levar mais felicidade às pessoas com quem convive.

Entender e utilizar esse poder de escolha, valorizar suas experiências, fortalecer uma noção verdadeira de respeito, gratidão e consideração pelos outros não só dão um novo sentido à sua vida como também proporcionam estabilidade e segurança.

O primeiro passo nesse processo é conhecer melhor a si mesmo, descobrindo os valores mais importantes para você e como suas atitudes o aproximam ou distanciam deles.

Por meio de conceitos simples e exemplos do dia a dia, a psicoterapeuta Stephanie Dowrick ensina que só depende de você realizar as mudanças necessárias para desenvolver o amor-próprio e tornar seus relacionamentos mais saudáveis.

Seja qual for seu passado, você pode ser mais feliz se cultivar a generosidade, o entusiasmo e a criatividade, se souber admirar e compreender as diferenças, e se for capaz de manter a confiança mesmo em situações indesejáveis.

A vida é bela
Dominique Glocheux

A vida não é um ensaio como no teatro. Só se vive uma vez e jamais se tem a oportunidade de repetir um momento que passou. Então é melhor aproveitar cada segundo. Descobrir os pequenos tesouros escondidos que podem tornar a vida uma experiência maravilhosa.

É a partir dessas ideias que Dominique Glocheux nos faz ver a vida de uma maneira mais otimista e inspiradora nesse livro aparentemente ingênuo, mas muito envolvente. *A vida é bela* é uma saborosa antologia que reúne 512 conselhos, máximas e pensamentos recheados de humor, amor e fantasia. Todos fundamentais para quem quer começar a viver mais intensamente e de forma mais alegre.

A vida é bela nos leva pelas mãos para um passeio por dentro de nós mesmos. Basta que deixemos nosso pensamento criar asas e sair à procura do verdadeiro valor das coisas simples e lindas que acontecem à nossa volta sem nos darmos conta.

A correria e o estresse da vida moderna não dão espaço para o lazer, o descanso e os momentos de reflexão. Dominique Glocheux nos incentiva a mudar isso para ficar em sintonia com o mundo e em paz com nós mesmos. Seus pequenos e valiosos ensinamentos nos deixam mais perto da felicidade e são um adorável presente para todas as pessoas que amamos. Já que, como o próprio Dominique diz, a felicidade é contagiosa.

Você pode ser feliz sem ser perfeita
Alice D. Domar e Alice Lesch Kelly

Toda mulher quer ter uma casa limpa e organizada, ser boa esposa, ótima mãe e, ao mesmo tempo, uma profissional de sucesso. Ter objetivos é natural, mas quando as expectativas em torno deles se tornam tão altas a ponto de prejudicarem sua qualidade de vida e de você só se sentir feliz se tudo estiver absolutamente perfeito, é hora de reavaliá-las.

Nesse livro você encontrará maneiras de se concentrar menos em tentar ser perfeita e focar mais no que há de maravilhoso em sua vida. Você aprenderá que suas necessidades às vezes precisam vir antes das demandas da família, do emprego e da casa e descobrirá que, para atendê-las e assumir o cuidado consigo mesma, é preciso se empenhar em manter um nível saudável de expectativas.

Em *Você pode ser feliz sem ser perfeita*, a Dra. Alice D. Domar apresenta técnicas simples, eficazes e clinicamente comprovadas que vão ajudá-la a reformular o modo como pensa e sente a vida. Com elas, você encontrará o equilíbrio, a satisfação e a felicidade que tanto deseja.

Você pode reformular suas expectativas e abraçar a vida imperfeita mas plena como deve ser. Pode se cuidar melhor e se sentir mais saudável e realizada. Você pode ser feliz sem ser perfeita.

O Poder do Agora
Eckhart Tolle

Nós passamos a maior parte de nossas vidas pensando no passado e fazendo planos para o futuro. Ignoramos ou negamos o presente e adiamos nossas conquistas para algum dia distante, quando conseguiremos tudo o que desejamos e seremos, finalmente, felizes.

Mas, se queremos realmente mudar nossas vidas, precisamos começar neste momento. Essa é mensagem simples mas transformadora de Eckhart Tolle: viver no Agora é o melhor caminho para a felicidade e a iluminação.

Combinando conceitos do cristianismo, do budismo, do hinduísmo, do taoísmo e de outras tradições espirituais, Tolle elaborou um guia de grande eficiência para a descoberta do nosso potencial interior.

Esse livro é um manual prático que nos ensina a tomar consciência dos pensamentos e emoções que nos impedem de vivenciar plenamente a alegria e a paz que estão dentro de nós mesmos.

CONHEÇA OS CLÁSSICOS DA EDITORA SEXTANTE

1.000 lugares para conhecer antes de morrer, de Patricia Schultz

A História – A Bíblia contada como uma só história do começo ao fim, de The Zondervan Corporation

A última grande lição, de Mitch Albom

Conversando com os espíritos e *Espíritos entre nós*, de James Van Praagh

Desvendando os segredos da linguagem corporal e *Por que os homens fazem sexo e as mulheres fazem amor?*, de Allan e Barbara Pease

Enquanto o amor não vem, de Iyanla Vanzant

Faça o que tem de ser feito, de Bob Nelson

Fora de série – Outliers, de Malcolm Gladwell

Jesus, o maior psicólogo que já existiu, de Mark W. Baker

Mantenha o seu cérebro vivo, de Laurence Katz e Manning Rubin

Mil dias em Veneza, de Marlena de Blasi

Muitas vidas, muitos mestres, de Brian Weiss

Não tenha medo de ser chefe, de Bruce Tulgan

Nunca desista de seus sonhos e *Pais brilhantes, professores fascinantes*, de Augusto Cury

O monge e o executivo, de James C. Hunter

O Poder do Agora, de Eckhart Tolle

O que toda mulher inteligente deve saber, de Steven Carter e Julia Sokol

Os segredos da mente milionária, de T. Harv Ecker

Por que os homens amam as mulheres poderosas?, de Sherry Argov

Salomão, o homem mais rico que já existiu, de Steven K. Scott

Transformando suor em ouro, de Bernardinho

INFORMAÇÕES SOBRE OS PRÓXIMOS LANÇAMENTOS

Para saber mais sobre os títulos e autores
da EDITORA SEXTANTE,
visite o site www.sextante.com.br
ou siga-nos no Twitter @sextante.
Além de informações sobre os próximos lançamentos,
você terá acesso a conteúdos exclusivos e poderá participar de
promoções e sorteios.

Se quiser receber informações por e-mail,
basta cadastrar-se diretamente no nosso site.

Para enviar seus comentários sobre este livro,
escreva para atendimento@esextante.com.br
ou mande uma mensagem para o Twitter @sextante.

Editora Sextante
Rua Voluntários da Pátria, 45 / 1.404 – Botafogo
Rio de Janeiro – RJ – 22270-000 – Brasil
Telefone: (21) 2538-4100 – Fax: (21) 2286-9244
E-mail: atendimento@esextante.com.br